650+ WORD SEARCHES

Kids Word Search + BONUS Letter Tracing

Page 40

NUMBERS

TEN

W W B N P Q Z T T I
Y E E I S K H A K W
D T L N V J W J B G
W W K E P
P E I A K
M L P U C
A V Y H I
S E V E
D P E U
O S F I

ARGOPREP PRE-SCHOOL

Page 45

VEGETABLES 

KALE

D W G M E U K A L E
U D E O N I O N S D
Z U C C H I N I Q D
F E I E S Z O V B F
D T A Q P Q T U L E
K U J F I I O Z E N
Q X S Q N X M E E N
O K R A A K A T K E
Y Y W V C H T D S L
H T U W H I O I C Q

FENNEL	ONIONS
KALE	SPINACH
LEEKS	TOMATO
OKRA	ZUCCHINI

ARGOPREP PRE-SCHOOL

ARGOPREP
PRE-SCHOOL

At ArgoPrep we believe in creating smart learning solutions so that every student can succeed in life.

We would love to hear your honest feedback and review of our workbooks on Amazon.

Want weekly BONUS & FREE Tracing worksheets?

Visit our website at **www.argoprep.com/tracing** to download and print more awesome tracing worksheets for your child.

ISBN: 978-1946755193
Published by ArgoPrep, Inc.

Aknowlegments:
Icons made by Freepik, Smashicons, **xnimrodx, Kiranshastry, dDara, Nikita Golubev, Creaticca Creative Agency, smalllikeart** Turkkub, Vectors Market, Dmotry Mirolubov, Baianat, Roundicons, Zlatko Najdenovski, Pixel Perfect, Twitter, DinosoftLabs, Prettycons from www.flaticon.com

OTHER BOOKS BY ARGOPREP

Here are some other test prep workbooks by ArgoPrep you may be interested in. All of our workbooks come equipped with detailed video explanations to make your learning experience a breeze! Subscribe to our mailing list at www.argobrothers.com to receive custom updates about your education.

GRE

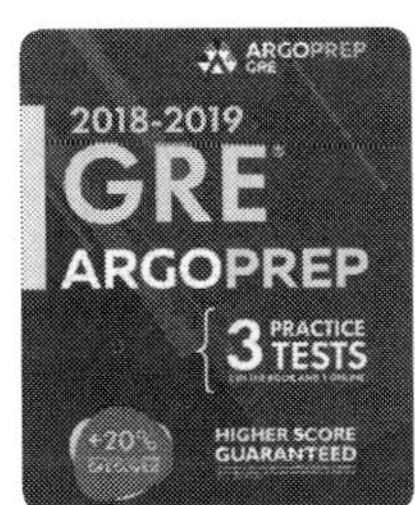

GRADE 1

GRADE 2

GRADE 3

GRADE 4

GRADE 5

GRADE 6

GRADE 7

GRADE 3

GRADE 4

PRESCHOOL

ARGOPREP
PRE-SCHOOL

FIND THE WORD

AND CROSS IT

COLORS

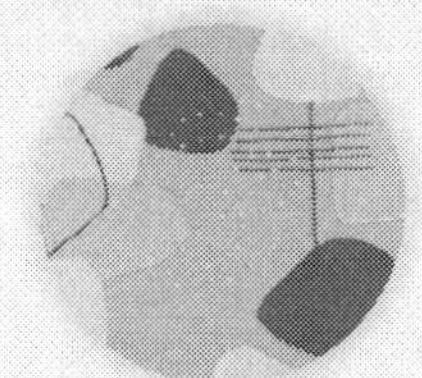

GREEN

U	R	E	D	Y	E	Y	Z	O	B
S	O	C	G	R	E	E	N	K	L
P	B	B	S	N	D	L	P	R	A
U	H	R	I	I	U	L	I	T	C
R	N	O	U	E	P	O	N	A	K
P	V	W	Q	M	W	W	K	U	V
L	W	N	Q	P	B	L	U	E	Q
E	X	B	C	T	S	S	I	O	E
J	D	A	L	J	U	I	L	K	Q
U	F	V	L	S	U	X	K	U	I

GREEN
BLACK
PINK
BROWN
BLUE
PURPLE
RED
YELLOW

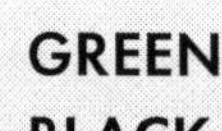

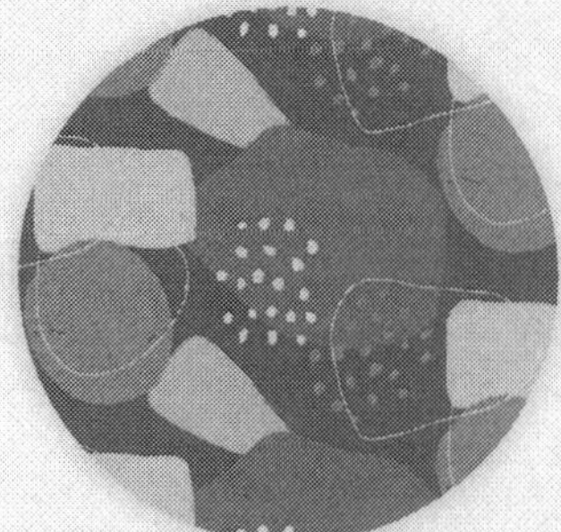

COLORS

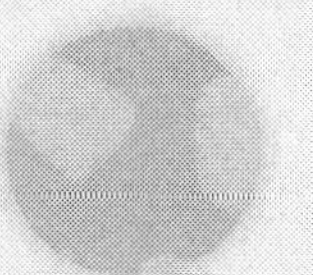

B	T	A	N	X	H	X	L	M	L
B	G	X	W	C	Y	A	N	H	T
Z	U	K	R	I	C	L	G	B	W
V	B	J	O	X	T	I	R	O	H
R	T	R	R	N	V	M	A	T	I
Q	E	Z	A	W	V	E	Y	M	T
X	A	L	N	Y	Z	V	Q	K	E
D	L	Q	G	V	I	O	L	E	T
T	V	Y	E	Z	R	T	A	U	C
B	J	C	Y	Q	O	C	P	A	S

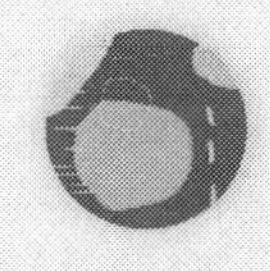

ORANGE	TEAL
CYAN	TAN
VIOLET	LIME
WHITE	GRAY

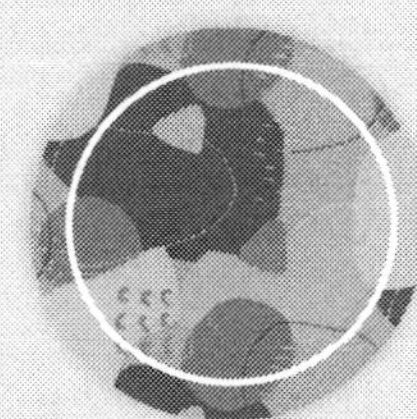

MONTHS

C F U M A Y C A R Q
T N A P R I L E X L
M K Z Y X X F S U O
F E B R U A R Y G C
B D E C E M B E R T
M J X H C Z C M C O
L U F F J U L Y M B
F N F P P P S D V E
F E X I M A R C H R
K R G J W J M Q D T

DECEMBER
JUNE
FEBRUARY
MAY
MARCH
JULY
APRIL
OCTOBER

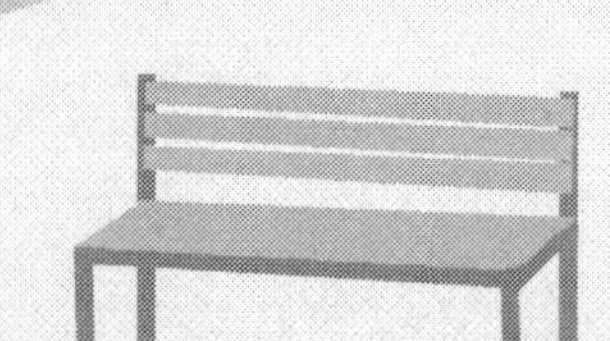

MONTHS

TIME

N M U Y I P X B U J
U W P J T I M E C A
U E A A G I O T U N
S E P T E M B E R U
P K K A U G U S T A
Y S L S I R S W B R
H O U R S R D R L Y
B J X T Z D D E Q P
N O V E M B E R N G
Y G Z K D A Y S M D

STATES

M	A	I	N	E	W	Y	J	M	L
V	E	R	M	O	N	T	J	H	O
K	C	A	R	K	A	N	S	A	S
I	C	P	S	V	G	J	K	J	H
V	J	Z	L	J	U	T	A	H	E
H	A	I	L	L	I	N	O	I	S
T	I	N	E	B	R	A	S	K	A
C	A	L	I	F	O	R	N	I	A
A	R	I	Z	O	N	A	C	G	L
A	M	N	V	Z	P	A	I	U	E

VERMONT
ARIZONA
ILLINOIS
UTAH
NEBRASKA
CALIFORNIA
ARKANSAS
MAINE

STATES

NEVADA

W	Z	O	S	O	D	C	K	C	H
E	J	L	F	H	E	A	M	M	K
E	P	N	S	A	L	K	T	A	N
F	T	E	S	W	A	B	N	R	F
L	M	V	I	A	W	G	V	Y	O
O	N	A	B	I	A	E	D	L	R
R	O	D	U	I	R	T	Y	A	E
I	F	A	G	A	E	S	H	N	G
D	H	C	O	L	O	R	A	D	O
A	N	J	A	L	A	S	K	A	N

ALASKA	MARYLAND
COLORADO	NEVADA
DELAWARE	OREGON
FLORIDA	HAWAII

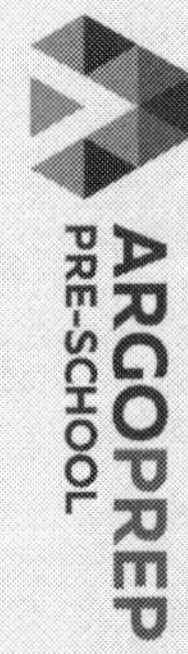

FALL

O F J U R Q G C T Y

T U R K E Y Y B S X

R Q A W T U D O Q N

T A E J P H K R U R

A P S S F B E A I P

G P U M P K I N R V

O L N B A U Q G R T

Y E L L O W E E E R

F L E A V E S B L E

U I L M R W U M X E

LEAVES	YELLOW
PUMPKIN	TREE
APPLE	ORANGE
TURKEY	SQUIRREL

PURPLE

FALL

J	A	V	K	C	L	O	U	D	H
A	K	P	S	B	R	O	W	N	A
M	L	T	Q	P	I	E	O	H	Y
S	W	W	U	K	U	Z	I	A	B
N	K	N	A	C	O	R	N	R	R
F	E	S	S	D	R	R	E	V	E
P	J	Q	H	T	U	S	B	E	D
U	V	A	U	D	D	Q	M	S	T
I	A	Y	Z	S	O	I	N	T	F
D	O	Y	I	H	L	R	S	L	P

BROWN	SQUASH
CLOUD	RED
ACORN	PIE
HARVEST	HAY

WINTER

GLOVE

E J D D V S C A R F
L Z Y H R O B L G N
Z F Z T S N W M L H
T V Q S L E D N O C
B F A W H Y I I V I
S N O W F L A K E C
B P J D P W I P W I
H F R O S T H H N C
C H R I S T M A S L
F Z S N O W M A N E

SNOWMAN	GLOVE
SNOWFLAKE	CHRISTMAS
SLED	FROST
SCARF	ICICLE

WINTER

COLD →

J U W Z F V W C T G
A S T Q L I I H T T
N D W D A K N O D P
U C V P K A D C E E
A O Y U E E Y O C N
R L H V H D Y L E G
Y D P I P T J A M U
D I D D S A K T B I
Z M I T T E N E E N
I Y K U K F M V R Y

PENGUIN	DECEMBER
MITTEN	COLD
JANUARY	WINDY
FLAKE	CHOCOLATE

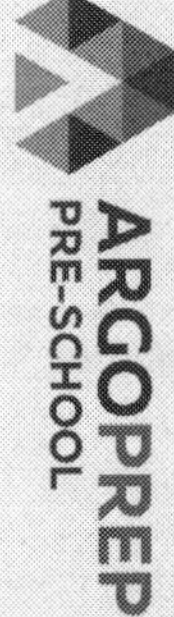

SPRING

D	N	O	C	B	O	O	T	S	O
Q	I	I	R	A	I	N	B	O	W
Z	S	J	R	O	S	E	S	B	V
E	N	H	Q	E	G	G	C	V	A
F	X	U	M	B	R	E	L	L	A
W	H	B	B	R	C	B	U	C	R
M	W	T	U	L	I	P	J	G	P
W	B	U	T	T	E	R	F	L	Y
J	H	I	H	B	W	R	O	R	D
A	P	M	R	A	I	N	F	I	Y

RAIN	TULIP
BOOTS	ROSES
RAINBOW	BUTTERFLY
UMBRELLA	EGG

SPRING

SUN →

V	X	A	Y	E	M	A	R	C	H
J	G	P	E	G	S	M	W	N	Z
N	K	R	Y	U	O	F	X	P	V
H	H	I	S	J	P	G	S	Q	Z
J	P	L	T	S	R	H	K	L	I
L	A	D	Y	B	U	G	G	D	R
F	R	O	G	L	H	W	V	F	B
Z	R	U	T	F	S	E	E	D	S
J	F	L	O	W	E	R	P	W	U
Y	R	A	I	N	J	X	J	X	N

MARCH
SUN
APRIL
LADYBUG
FROG
FLOWER
SEEDS
RAIN

SUMMER

SUN

S	W	I	M	S	U	I	T	H	S
P	A	M	D	W	W	H	A	T	U
S	T	A	R	F	I	S	H	Y	N
L	E	H	P	C	P	J	L	F	G
W	R	N	U	Z	K	K	Q	J	L
A	M	L	B	E	A	C	H	Q	A
T	E	S	W	R	S	H	D	O	S
E	L	Y	R	V	R	Y	B	N	S
R	O	T	N	C	V	O	U	S	E
C	N	G	S	U	N	D	P	D	S

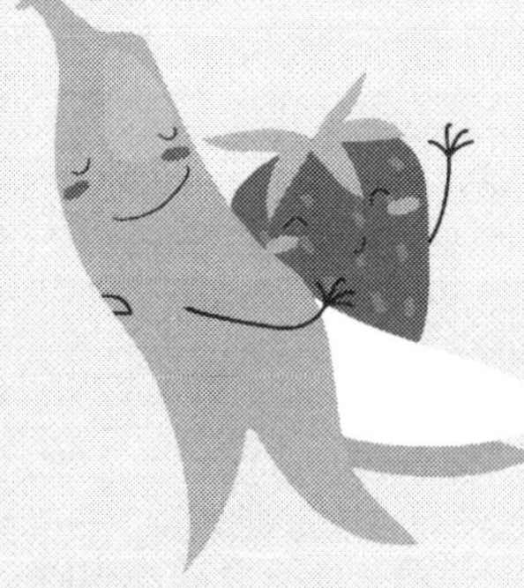

SUNGLASSES	SWIMSUIT
WATERMELON	BEACH
STARFISH	WATER
HAT	SUN

SUMMER

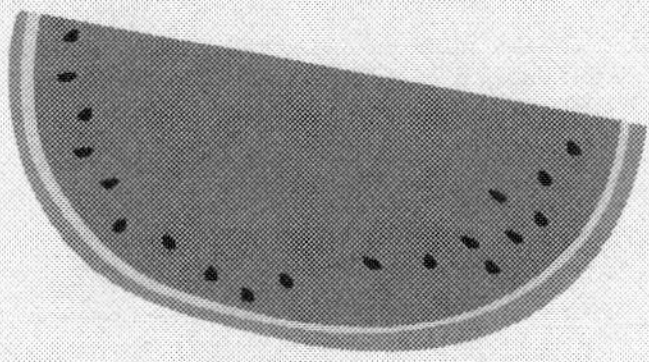

SAND

Q	F	V	S	N	R	G	Q	W	N
Q	B	A	L	L	S	V	B	J	S
A	K	M	W	V	H	Q	U	P	M
S	A	N	D	A	E	J	C	D	G
A	Y	A	N	C	L	Y	K	X	F
E	U	S	M	A	L	A	E	G	A
H	W	E	D	T	H	O	T	G	F
P	I	C	N	I	C	L	W	E	U
P	Z	S	H	O	R	T	S	P	O
B	N	J	B	N	K	M	F	Q	T

BALL	SHORTS
HOT	SAND
PICNIC	BUCKET
VACATION	SHELL

SCHOOL

S	C	I	E	N	C	E	F	R	T
T	S	S	O	Q	L	H	Y	Y	W
G	F	M	E	W	P	U	P	I	L
W	R	I	T	E	H	Z	I	N	P
M	O	P	L	A	Y	V	P	E	I
S	C	H	O	O	L	J	D	P	M
G	C	A	H	V	W	O	H	S	K
Y	M	P	L	E	A	R	N	N	L
M	Q	P	M	B	E	E	U	X	G
Q	N	Y	E	D	A	B	T	B	C

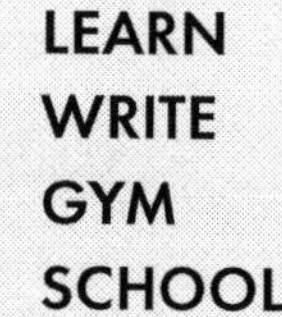

LEARN	PLAY
WRITE	HAPPY
GYM	PUPIL
SCHOOL	SCIENCE

SCHOOL

N	T	E	A	C	H	E	R	S	A
E	V	P	A	P	E	R	U	R	M
T	S	O	B	D	C	H	A	L	K
J	U	L	S	N	Y	O	M	K	V
W	P	B	E	P	E	N	C	I	L
S	C	H	O	O	L	B	U	S	H
P	R	I	N	C	I	P	L	E	W
P	O	H	O	M	E	W	O	R	K
Q	A	F	S	C	R	F	O	E	Q
D	D	E	S	K	K	F	G	Q	C

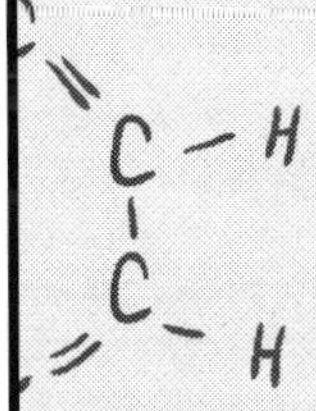

TEACHERS	DESK
PENCIL	CHALK
PAPER	SCHOOLBUS
PRINCIPLE	HOMEWORK

SHAPES

X F S C E U Y N S T
C C Q U R F B B T R
T I U R I D W Q R E
X R A V R I R I A C
B C R E M A C T I T
S L E N K M S B G A
L E C C Z O I E H N
Z K U L I N E Q T G
R J N D F D G D V L
U I T R I A N G L E

TRIANGLE	DIAMOND
SQUARE	LINE
CIRCLE	STRAIGHT
RECTANGLE	CURVE

SHAPES

L	P	O	I	F	C	B	T	C	H
E	E	L	L	I	P	S	E	O	U
V	X	S	U	J	O	M	K	V	Q
K	K	I	T	E	U	L	Z	A	S
S	E	M	I	C	I	R	C	L	E
A	R	R	O	W	G	M	F	S	C
T	J	T	C	R	O	S	S	T	P
R	H	O	M	B	U	S	N	A	G
M	S	G	I	N	C	E	X	R	K
A	F	D	L	M	Q	T	O	G	B

STAR	ARROW
OVAL	RHOMBUS
KITE	SEMICIRCLE
CROSS	ELLIPSE

MATH

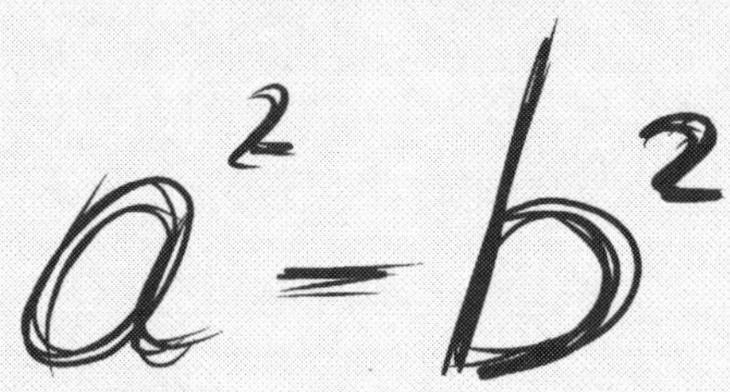

ADD

S	L	G	T	H	H	G	P	X	I
U	M	N	O	F	U	W	M	X	W
B	S	Q	G	A	N	M	U	N	M
T	Z	D	O	K	D	W	L	U	K
R	E	I	E	Q	R	L	T	M	V
A	R	V	C	C	E	N	I	B	Z
C	O	I	W	O	D	Z	P	E	J
T	A	D	D	U	H	L	L	R	Z
Q	M	E	E	N	N	G	Y	S	C
V	M	Y	U	T	H	P	U	W	Y

ADD	NUMBERS
MULTIPLY	COUNT
SUBTRACT	ZERO
DIVIDE	HUNDRED

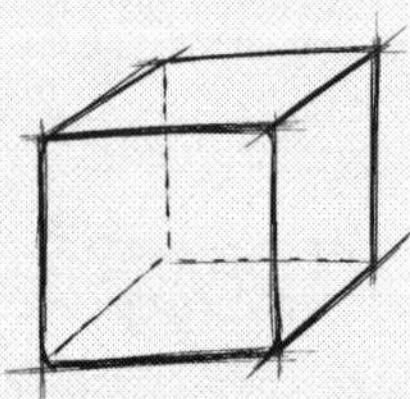

MATH

$f(x)=\frac{1}{2}$

GRAPH

A K W G R A P H J N

I E Q U A T I O N U

O F R A C T I O N S

R Z N V P M A N Y V

D K R G R D T B R P

T R I A N G L E E K

I M U L T I P L E N

S L K U B S J O N E

M M J Z E H M C Y M

F E W K F O W J D F

FRACTIONS	MULTIPLE
ONE	EQUATION
MANY	TRIANGLE
FEW	GRAPH

ANIMALS

CAT →

F	T	G	H	N	E	B	Q	K	X
I	J	Y	A	E	S	I	M	O	U
C	R	C	M	T	Q	R	L	R	E
O	N	A	S	A	U	D	F	A	B
W	H	T	T	W	I	O	A	B	B
B	F	R	E	R	R	G	R	B	O
Q	I	W	R	W	R	E	T	I	P
M	S	R	U	G	E	Q	F	T	I
S	H	A	K	F	L	P	Z	E	W
L	L	Q	O	V	Z	H	H	F	L

CAT	SQUIRREL
FISH	HAMSTER
DOG	BIRD
RABBIT	COW

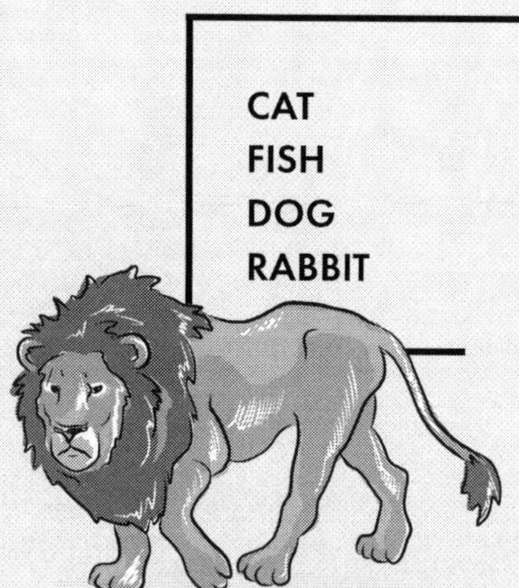

ANIMALS

OWN →

C	H	I	C	K	E	N	E	L	H
A	F	O	X	E	U	O	V	H	G
A	L	L	I	G	A	T	O	R	G
Q	O	H	F	C	M	S	N	X	F
R	P	Z	E	J	P	Z	O	B	R
F	K	C	A	M	E	L	W	E	O
P	L	U	K	T	W	U	L	E	G
C	K	N	K	M	P	L	Q	T	L
I	A	C	C	C	O	N	L	L	H
X	D	O	N	K	E	Y	Y	E	I

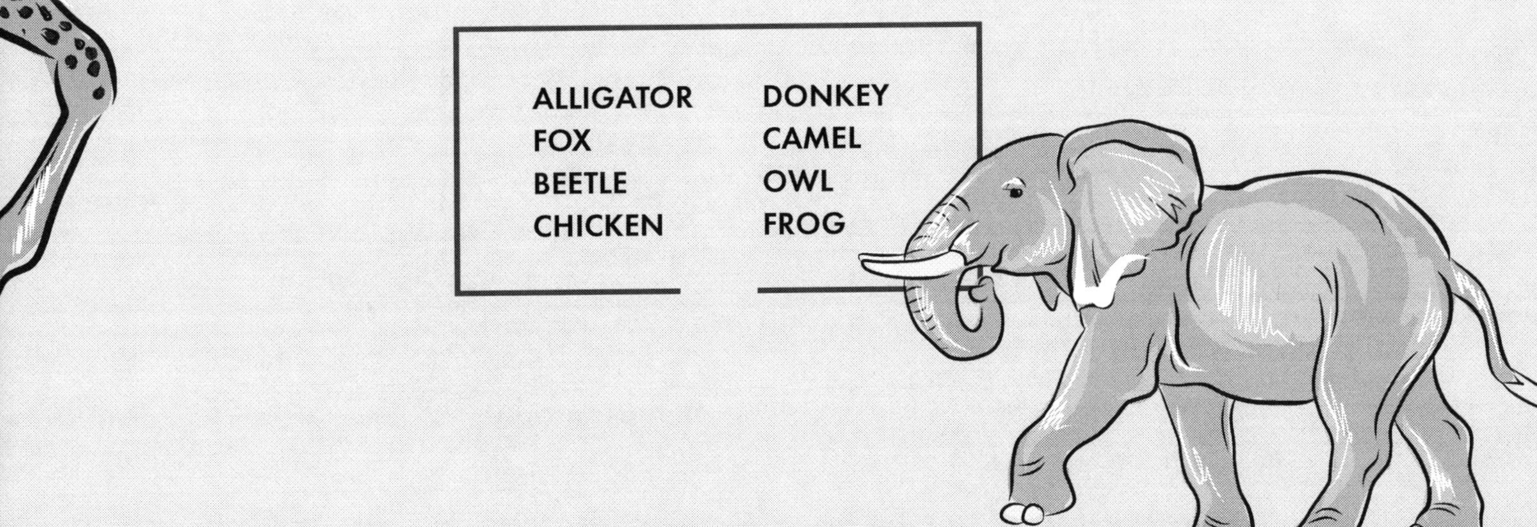

ALLIGATOR
FOX
BEETLE
CHICKEN
DONKEY
CAMEL
OWL
FROG

INSTRUMENTS

D X N P V O P E H G
R R A P G U I T A R
U R B R X L A X R H
M U J C C D N G P N
S T D E E S O M U K
N B E L L A G M J J
B N C L S R Z H E I
S T Z O S Y P O E Y
K M W V I O L I N F
S O F L U T E N J L

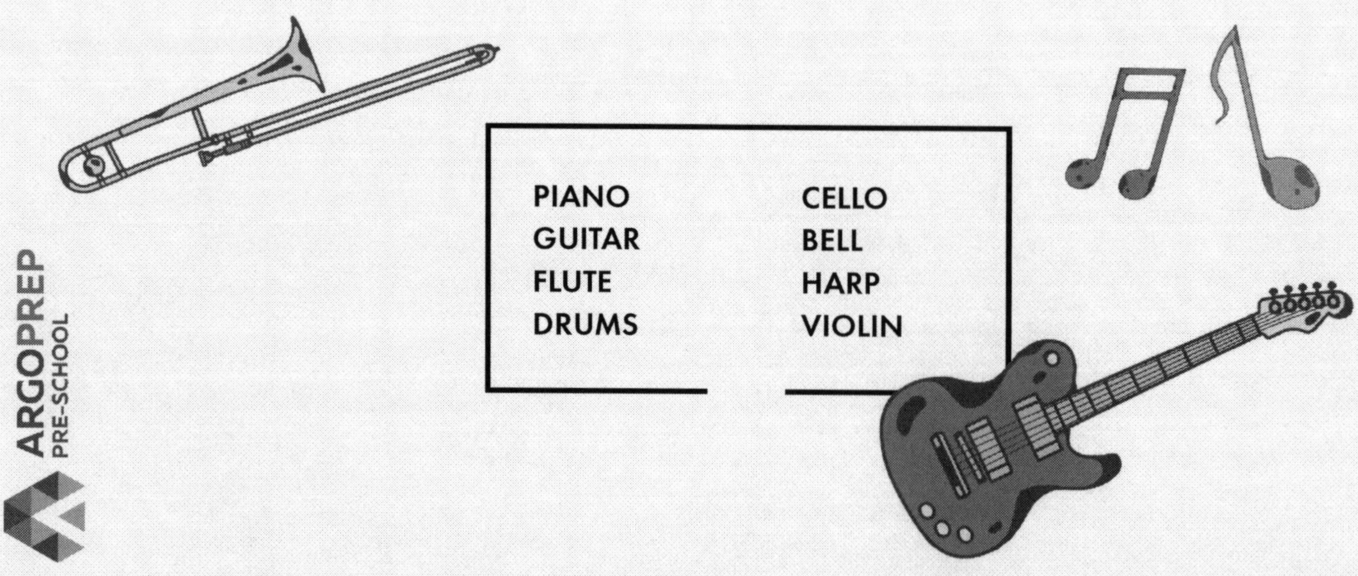

INSTRUMENTS

R L O T J G I T N F
E S H R B U N R H T
C I F U B C S I Y X
O I B M A L T A V E
R L O P N A R N T V
D R A E J R U G U I
E H H T O I M L B O
R E M K G N E E A L
B I X W Y E N W J A
S L V O C T T A R Z

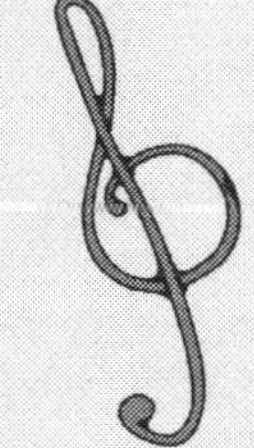

RECORDER	CLARINET
INSTRUMENT	TUBA
TRIANGLE	VIOLA
BANJO	TRUMPET

FAMILY

SISTER

A	J	D	B	S	N	I	E	C	E
Y	L	D	R	N	E	X	B	U	X
V	M	U	O	E	G	M	B	N	A
S	K	G	T	P	R	O	Z	C	I
I	I	Z	H	H	A	T	L	L	K
S	M	W	E	E	N	H	B	E	F
T	X	D	R	W	D	E	B	U	B
E	M	L	A	Z	M	R	X	H	X
R	X	L	V	T	A	T	Z	W	T
K	F	A	T	H	E	R	V	X	O

MOTHER
BROTHER
SISTER
FATHER
UNCLE
GRANDMA
NIECE
NEPHEW

FAMILY

I C D P C X V U D A
G Q E H R S O N Z U
K X D R G O N F S N
G R A N D P A A J T
V I U R U N X M X W
Z P G C O U S I N I
I I H B S T O L L N
S P T Y X B D Y D A
I V E H K M H O Y V
A M R C H I L D B N

AUNT	SON
GRANDPA	TWIN
COUSIN	CHILD
DAUGHTER	FAMILY

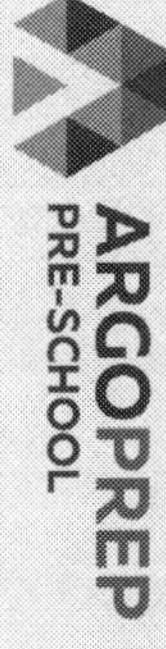

HOUSE

I F O O U Q O S O E
O B E D R O O M K W
B J C T K Z K U I E
W C A A W W I C Q B
I H R B B B T T G S
H A P L T B C C P O
N I E E Y E H W S F
Z R T F L D E L U A
Q C Q I F X N H Q M
U P O O L N Y O H E

KITCHEN	BEDROOM
POOL	CARPET
BED	CHAIR
SOFA	TABLE

HOUSE

K	U	M	I	R	R	O	R	T	C
W	M	L	I	V	I	N	G	A	D
D	D	R	I	Y	S	U	D	J	D
Z	H	O	U	S	E	E	L	V	F
Z	H	S	T	T	X	J	L	Y	W
H	A	Z	C	Y	J	O	A	Q	L
V	L	W	T	R	B	L	M	O	T
T	L	S	H	E	L	F	P	N	Y
A	P	A	R	T	M	E	N	T	U
Z	F	T	O	I	L	E	T	F	Z

APARTMENT
HOUSE
LIVING
MIRROR
TOILET
HALL
SHELF
LAMP

SCIENCE

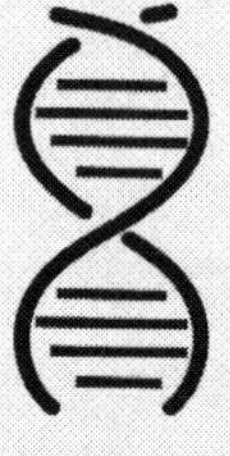

Q	D	A	C	I	D	Y	R	F	X
L	A	N	N	M	G	D	U	J	J
F	T	P	V	Z	G	K	F	X	B
E	A	R	T	H	B	U	L	B	F
V	W	H	P	P	C	E	L	L	S
P	N	B	A	C	T	E	R	I	A
W	O	C	A	T	A	L	Y	S	T
U	H	A	B	O	X	Y	G	U	G
Q	O	B	X	N	J	L	J	T	S
W	B	I	R	D	S	L	P	L	O

ACID	CATALYST
BACTERIA	CELLS
BIRDS	DATA
BULB	EARTH

SCIENCE

SCALE

O	E	V	I	D	E	N	C	E	P
C	D	N	E	U	R	O	N	D	D
R	B	E	R	O	S	I	O	N	X
L	R	R	E	S	E	A	R	C	H
A	K	R	P	R	O	T	E	I	N
U	U	T	E	E	X	H	F	Z	F
O	P	I	L	T	I	P	P	C	Q
H	M	O	L	E	C	U	L	E	M
S	C	A	L	E	Q	M	M	Y	S
W	G	W	Y	E	N	E	R	G	Y

ENERGY	NEURON
EROSION	PROTEIN
EVIDENCE	RESEARCH
MOLECULE	SCALE

VEHICLES

L C J D V F D I T B
I A L P T Z X S R M
M R X G P Z S Y U N
O S R W W X O J C O
Y T R A I N R Q K W
H T R A C T O R I M
P E U B I C Y C L E
R R R O C K E T L P
D K D A E A V M C C
I Z Z X X B U S A H

CARS
BUS
TRAIN
BICYCLE
ROCKET
TRUCK
LIMO
TRACTOR

VEHICLES

TAXI

S	Z	S	M	B	O	A	T	O	V
S	C	O	O	T	E	R	R	M	L
O	U	C	T	T	A	X	I	J	Y
E	W	V	O	E	P	Y	C	E	M
W	O	A	R	K	Y	X	Y	T	O
K	O	N	C	V	O	A	C	S	P
Z	F	Z	Y	S	D	E	L	K	E
M	T	Q	C	U	Z	O	E	I	D
I	C	F	L	V	Z	H	E	B	H
R	F	Y	E	K	B	U	G	R	B

BOAT
VAN
TAXI
SCOOTER
MOTORCYCLE
MOPED
JETSKI
TRICYCLE

COUNTRIES

T E P E R U B G C I
J F Y Z S D O L Y Q
G R U J L Z L S F H
F A K M P Q I E I Z
M N A C W M V R N W
B C D H N Q I B L S
M E X I C O A I A J
P M Y L R Y J A N M
Y P S E V B J K D Y
E C F S P A I N X J

BOLIVIA	PERU
CHILE	SERBIA
FINLAND	MEXICO
FRANCE	SPAIN

COUNTRIES

ITALY

I R T H A I T I X L
N O P P W Y E M E N
D I F E G X L F A R
I D X A R B E R I P
A I P M E Z H R F O
P E E I E K P Z I L
S G G Y C B Q T H A
K Y S W E D E N U N
O P K R E Z V G G D
I T B T I T A L Y A

SWEDEN	INDIA
EGYPT	ITALY
HAITI	POLAND
YEMEN	GREECE

NUMBERS

W	W	B	N	P	Q	Z	T	T	I
Y	E	E	I	S	K	H	A	K	W
D	T	L	N	V	J	W	J	B	G
W	W	K	E	P	A	G	N	O	J
P	E	I	A	K	L	T	E	N	O
M	L	P	U	O	T	T	F	E	N
A	V	Y	H	I	W	H	G	F	U
S	E	V	E	N	O	R	T	O	V
D	P	E	U	M	H	E	I	H	T
O	S	F	I	F	T	E	E	N	P

THREE
SEVEN
NINE
ONE

TEN
TWELVE
TWO
FIFTEEN

NUMBERS

ZERO

Z	E	R	O	I	M	A	L	P	Y
S	Y	Y	Y	W	I	D	F	K	S
I	F	O	U	R	L	M	O	O	L
X	E	F	F	D	L	N	U	E	L
B	T	F	I	P	I	E	R	J	Q
Q	W	Z	F	V	O	S	T	G	A
J	E	A	T	Z	N	N	E	T	K
A	N	H	Y	C	R	X	E	U	K
Y	T	H	O	U	S	A	N	D	Y
H	Y	O	Y	O	Y	O	O	Z	H

FOUR	FOURTEEN
SIX	MILLION
ZERO	THOUSAND
FIFTY	TWENTY

ARGOPREP
PRE-SCHOOL

SPORTS

GOLF

H	Q	B	A	S	E	B	A	L	L
S	O	C	C	E	R	E	Y	F	Z
W	R	G	O	L	F	B	F	R	J
I	N	Z	Y	T	D	O	T	S	Q
M	I	A	A	Z	I	X	E	I	W
M	C	L	I	M	B	I	N	G	V
I	B	G	A	U	R	N	N	C	I
N	X	C	C	T	H	G	I	D	X
G	H	K	X	W	H	O	S	G	S
U	I	F	O	O	T	B	A	L	L

BASEBALL	CLIMBING
SOCCER	GOLF
FOOTBALL	SWIMMING
BOXING	TENNIS

SPORTS

KARATE

U N W F H Q G K C U
B A S K E T B A L L
W B I D A N C I N G
R B C K A R A T E G
U L A C R O S S E W
B F R G E J R E H P
A R C H E R Y W J Y
V O L L E Y B A L L
K C C R I C K E T P
P Z S U R F I N G T

BASKETBALL
VOLLEYBALL
CRICKET
ARCHERY
LACROSSE
DANCING
SURFING
KARATE

VEGETABLES

L	C	U	C	U	M	B	E	R	Y
G	A	Z	U	I	L	U	B	O	P
M	R	N	V	C	F	F	E	S	E
W	R	C	O	R	N	P	A	U	C
C	O	B	E	E	T	S	N	Q	A
J	T	L	K	G	M	C	S	M	B
M	Z	V	W	G	Q	P	F	L	B
A	S	P	A	R	A	G	U	S	A
B	R	O	C	C	O	L	I	Q	G
A	E	T	C	S	M	L	W	Z	E

ASPARAGUS
BEANS
BEETS
BROCCOLI
CABBAGE
CARROT
CORN
CUCUMBER

VEGETABLES

KALE

D	W	G	M	E	U	K	A	L	E
U	D	E	O	N	I	O	N	S	D
Z	U	C	C	H	I	N	I	Q	D
F	E	I	E	S	Z	O	V	B	F
D	T	A	Q	P	Q	T	U	L	E
K	U	J	F	I	I	O	Z	E	N
Q	X	S	Q	N	X	M	E	E	N
O	K	R	A	A	K	A	T	K	E
Y	Y	W	V	C	H	T	D	S	L
H	T	U	W	H	I	O	I	C	Q

FENNEL	ONIONS
KALE	SPINACH
LEEKS	TOMATO
OKRA	ZUCCHINI

FRUITS

APPLE

I	F	B	O	K	I	G	P	D	Q
V	L	E	M	O	N	F	F	W	X
O	F	J	Z	Q	B	B	S	W	P
B	I	N	V	D	W	B	H	S	D
A	G	C	H	E	R	R	I	E	S
N	S	F	O	Q	O	N	P	C	I
A	P	R	I	C	O	T	V	R	O
N	Q	I	F	A	P	P	L	E	W
A	L	H	G	R	A	P	E	S	T
V	A	V	O	C	A	D	O	B	I

APPLE
APRICOT
AVOCADO
BANANA

CHERRIES
FIGS
GRAPES
LEMON

FRUITS

A P P V M X K N P A
T P E A C H E S R G
A V A T B X I K U H
N U R N M E J Y N K
G S T E A A I L E B
E G P U N P S I S Z
R D L S G E E M I X
I I U M O M S E H C
N G M L K Q P N V J
E M S O R A N G E Z

LIME	PEAR
MANGO	PLUMS
ORANGE	PRUNES
PEACHES	TANGERINE

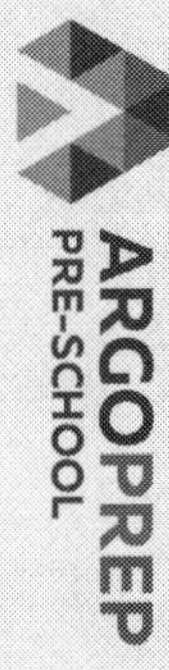

JOBS

NURSE

J	X	L	A	W	Y	E	R	Q	N
F	A	R	M	E	R	A	V	Q	B
A	O	T	D	E	N	T	I	S	T
J	F	T	T	T	X	D	Y	V	X
T	F	E	Z	R	P	O	W	S	S
A	I	A	L	C	M	C	T	Y	T
A	C	C	O	U	N	T	A	N	T
M	E	H	D	M	P	O	E	N	B
Q	R	E	A	S	Q	R	O	G	O
A	Y	R	X	P	N	U	R	S	E

DOCTOR
DENTIST
FARMER
TEACHER
NURSE
ACCOUNTANT
OFFICER
LAWYER

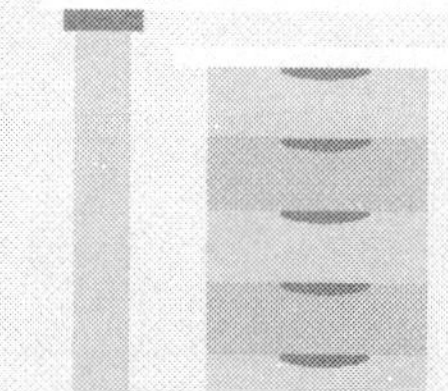

JOBS

CHEF →

R	T	S	J	Y	Q	K	Z	E	R
E	T	X	R	P	G	X	R	C	H
O	M	A	N	A	G	E	R	H	C
L	V	F	R	D	U	G	G	O	A
T	Y	T	L	A	S	A	C	Q	S
N	Z	B	S	C	H	E	F	A	H
N	Q	C	L	E	R	K	S	I	I
U	E	N	G	I	N	E	E	R	E
P	R	O	G	R	A	M	M	E	R
E	D	R	I	V	E	R	B	K	R

ELECTRICIAN	MANAGER
PROGRAMMER	CLERKS
ENGINEER	CASHIER
DRIVER	CHEF

SOLAR SYSTEM

MARS

S A T U R N H P D I
V E C M I A L G A D
J T A K M A R S U M
U M N I Z R L V R O
P E E E S H Q E A R
I R P I Y U H N N K
T C T V M O Z U U G
E U U L H M N S S C
R R N E A R T H D N
O Y E P G M O W J Z

MERCURY	JUPITER
VENUS	SATURN
EARTH	URANUS
MARS	NEPTUNE

SOLAR SYSTEM

ORBIT

Z	M	H	H	E	L	I	U	M	G
D	A	Y	Q	K	T	T	H	B	R
K	X	D	A	F	P	A	M	Z	A
Y	B	R	S	E	Z	M	R	B	V
E	N	O	T	N	O	T	U	W	I
A	N	G	E	T	O	R	B	I	T
Y	B	E	R	B	I	J	G	M	Y
F	H	N	O	D	L	O	A	O	E
O	H	R	I	N	G	S	I	O	P
O	C	P	D	W	L	S	U	N	G

RINGS
ORBIT
HELIUM
ASTEROID
GRAVITY
SUN
MOON
HYDROGEN

ART

J	E	S	C	B	P	F	B	P	R
N	J	X	T	H	K	R	C	X	E
L	P	Y	V	L	Q	Q	E	A	A
T	M	P	S	H	A	D	E	R	S
R	U	O	P	A	L	E	T	T	E
Z	R	S	W	U	I	D	I	W	L
E	A	T	Q	Z	G	V	I	O	P
G	L	E	G	C	L	A	Y	R	I
T	N	R	O	K	Z	Y	T	K	I
D	Z	W	T	R	A	C	E	M	U

ARTWORK	TRACE
PALETTE	CLAY
EASEL	POSTER
MURAL	SHADE

ART

INK

I	R	H	B	P	K	I	Q	Y	D
L	P	U	P	A	I	N	T	A	J
L	S	E	A	A	Z	K	U	L	V
U	O	O	T	A	R	T	I	S	T
S	D	T	M	W	C	V	W	K	L
T	R	D	Q	C	H	E	P	E	E
R	A	B	G	G	T	Q	R	T	V
A	W	U	A	Z	W	F	I	C	X
T	Y	L	Y	P	K	M	N	H	V
E	H	X	T	Z	F	I	T	G	P

DRAW
PAINT
ARTIST
INK
HUE
ILLUSTRATE
SKETCH
PRINT

WEATHER

HOT

F	O	G	C	Q	P	J	F	J	X
L	S	H	I	N	E	F	F	T	B
O	G	V	X	S	E	Z	L	W	I
O	V	S	N	O	W	F	A	L	L
D	D	A	D	K	G	U	B	J	X
D	B	R	E	E	Z	E	W	Y	O
M	I	L	D	T	F	D	U	W	L
Z	A	W	Y	N	S	K	H	N	S
B	H	B	I	U	H	O	T	H	O
M	Q	I	C	H	I	L	L	Y	V

SNOWFALL	SHINE
BREEZE	HOT
CHILLY	MILD
FLOOD	FOG

WEATHER

N	C	U	M	M	Q	T	V	O	U
W	G	L	Z	S	U	J	W	E	T
X	J	S	W	J	C	J	A	L	J
W	J	L	N	N	O	B	G	I	A
D	L	U	W	R	X	W	I	N	D
G	U	S	T	A	A	D	N	B	W
C	K	H	N	I	N	P	E	U	S
L	T	S	U	N	A	M	I	X	U
X	D	J	T	Y	P	H	O	O	N
B	H	A	D	C	J	R	D	U	H

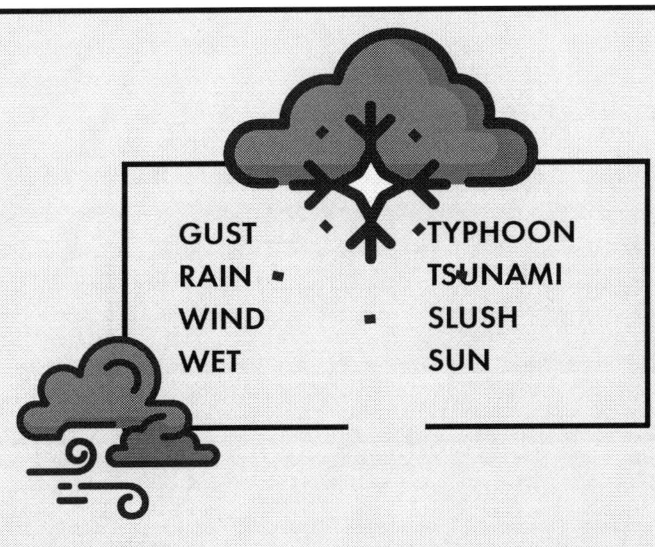

CAR PARTS

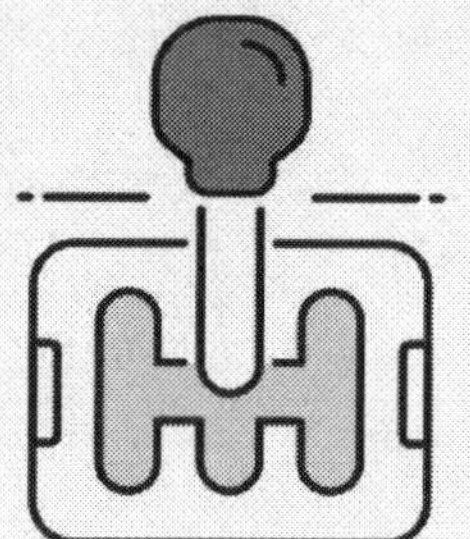

ROOF

K	T	J	G	A	C	Y	A	U	F
R	R	N	H	D	O	O	R	E	T
V	J	B	X	V	V	Q	W	X	X
D	B	G	D	F	E	S	E	H	B
J	N	E	K	R	N	P	U	A	R
R	A	D	I	A	T	O	R	U	A
O	U	G	C	M	S	M	O	S	K
W	B	W	E	E	F	A	O	T	E
P	G	C	T	V	I	J	F	M	S
R	E	N	G	I	N	E	U	J	I

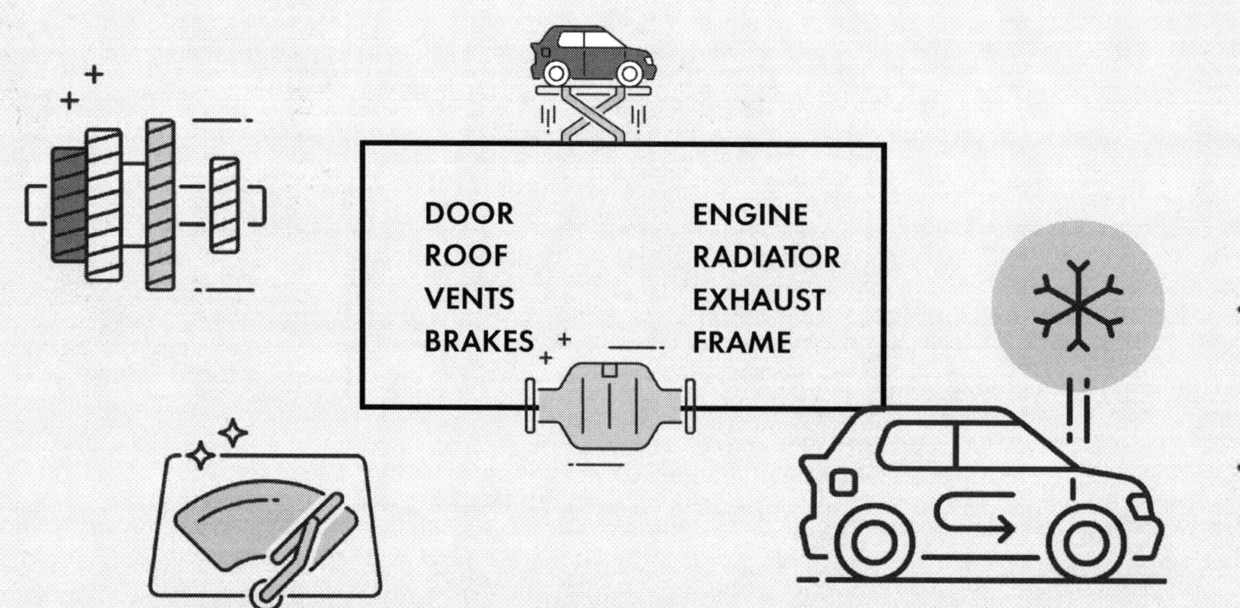

DOOR	ENGINE
ROOF	RADIATOR
VENTS	EXHAUST
BRAKES	FRAME

CAR PARTS

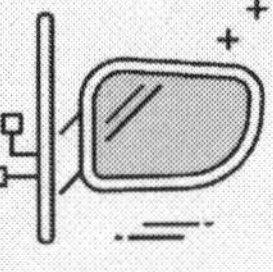

X	F	P	S	T	I	R	E	S	I
X	Y	H	J	U	I	C	K	T	N
Y	U	U	Q	I	G	M	L	U	Q
B	I	N	C	A	N	E	T	P	E
R	N	R	G	R	I	L	L	E	L
I	A	H	T	Z	T	R	U	N	K
M	X	E	Z	Z	I	H	O	C	Y
S	L	V	I	S	O	R	N	F	Z
T	E	H	O	R	N	I	L	M	X
Y	H	N	E	I	H	R	K	L	T

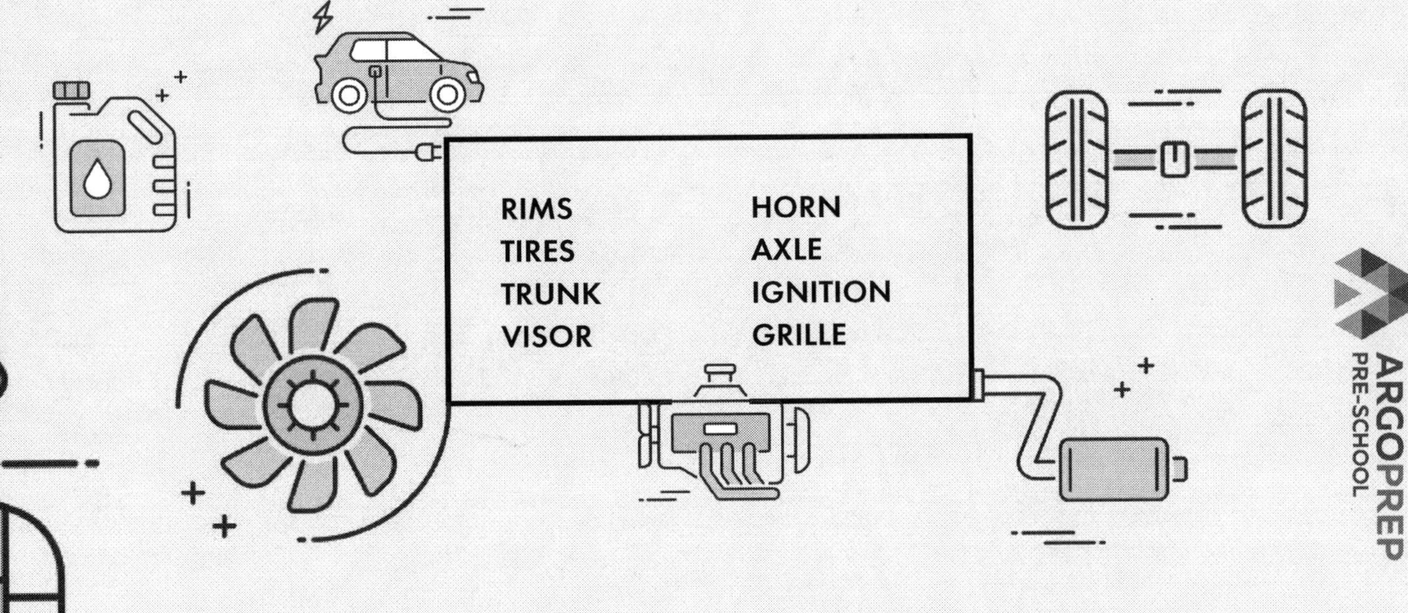

RIMS
TIRES
TRUNK
VISOR
HORN
AXLE
IGNITION
GRILLE

FURNITURE

U Q P E X T G C S D
T X N I R D J H M R
L C H A I R X E R E
S M A T T R E S S S
O W S H X H N T B S
F H P Y P M O K W E
A Z T T A B L E C R
N I G H T S T A N D
T R M I R R O R I I
J V V V E T Y O Q X

CHEST	NIGHTSTAND
CHAIR	MIRROR
TABLE	DRESSER
SOFA	MATTRESS

FURNITURE

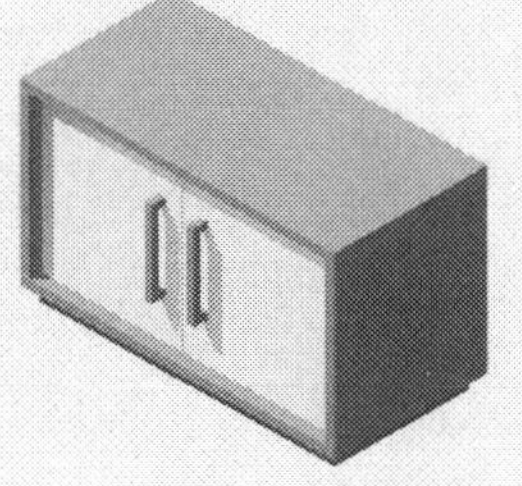

AXLE

H	J	G	Q	B	J	G	F	J	I
B	V	L	C	T	W	M	Y	R	Q
I	F	N	L	A	M	P	M	A	S
B	E	N	C	H	X	C	O	T	G
F	O	C	A	B	I	N	E	T	E
S	F	T	C	R	A	D	L	E	H
T	B	O	O	K	C	A	S	E	G
O	Q	R	E	C	L	I	N	E	R
O	X	H	O	X	C	G	M	Z	K
L	B	I	R	Q	I	K	J	Q	G

RECLINER	BENCH
CRADLE	STOOL
LAMP	BOOKCASE
CABINET	COT

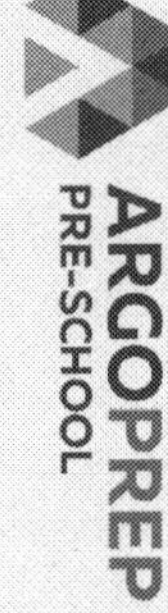

FASHION

SUIT

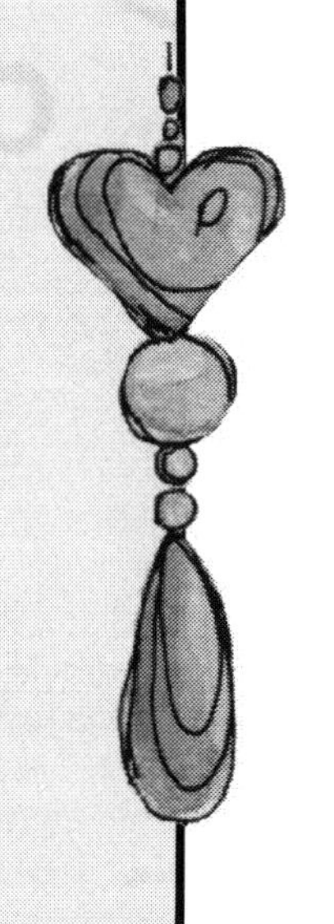

D	W	B	S	I	X	V	I	E	P
S	C	A	R	F	F	A	D	A	U
A	S	U	I	T	O	Z	Y	M	C
H	N	E	H	A	N	D	B	A	G
B	F	G	F	A	N	C	Y	D	D
B	A	L	F	D	B	L	E	A	R
P	S	O	X	W	J	S	X	K	E
V	N	V	S	H	I	R	T	L	S
S	O	E	O	Y	M	X	X	W	S
L	C	S	X	Y	K	E	E	S	Y

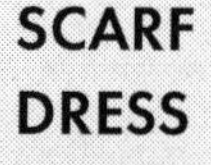

SCARF	SUIT
DRESS	FAD
GLOVES	HANDBAG
SHIRT	FANCY

FASHION

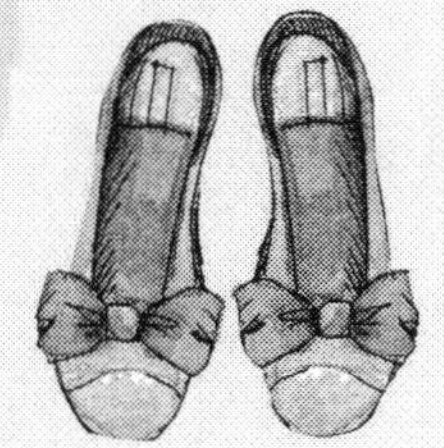

MATS

U	F	Y	E	L	M	F	W	W	E
E	T	E	H	A	T	S	T	O	E
T	B	J	J	K	X	U	T	C	S
B	T	E	A	G	V	O	G	U	E
X	P	W	M	T	R	E	N	D	W
D	V	E	O	M	A	W	Q	U	H
N	E	L	D	P	V	O	T	G	B
S	S	R	E	G	Q	J	D	A	C
S	T	Y	L	I	S	T	M	W	V
R	E	T	R	O	U	Y	T	Z	L

VOGUE	RETRO
STYLIST	HATS
JEWELRY	VEST
MODEL	TREND

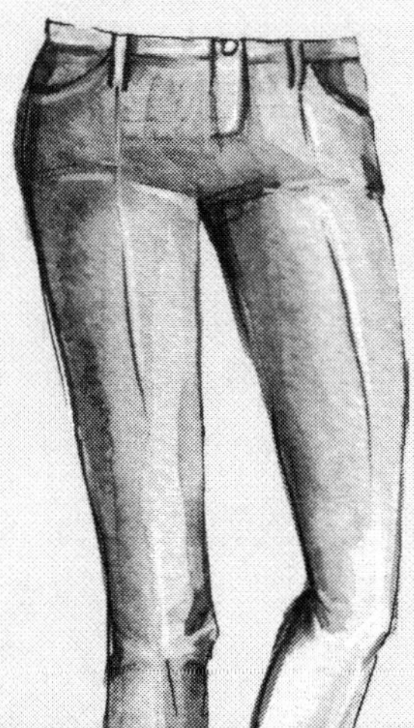

GARDEN

RAKE

W M H M O S S W S J
M F X I B R I Y N Z
I Q E T F T E H S B
S O I L L E A V E S
O M H Z O V V F C F
W F F Z W N R H O R
L D H E E W A T E R
O J C O R N K R Q M
R U K U S O E F R L
[illegible] T O M A T O K Y Y

SOIL
LEAVES
TOMATO
CORN
RAKE
MOSS
FLOWERS
WATER

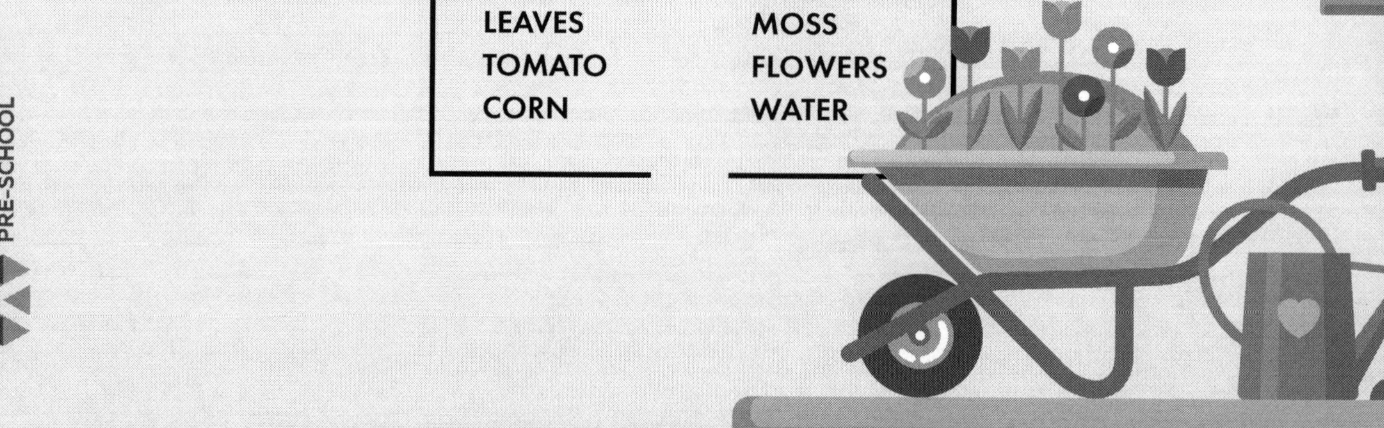

GARDEN

POTS

O I W K J C C F C A
A B J U Z A T E S O
S E C C G R W R C Z
E A U L A R A T P R
Q N C I C O P I E O
B S U P H T Q L A C
Q K M P L P M I S K
E D B E M O T Z I S
Y T E R I T B E O X
H Q R S W S B R F C

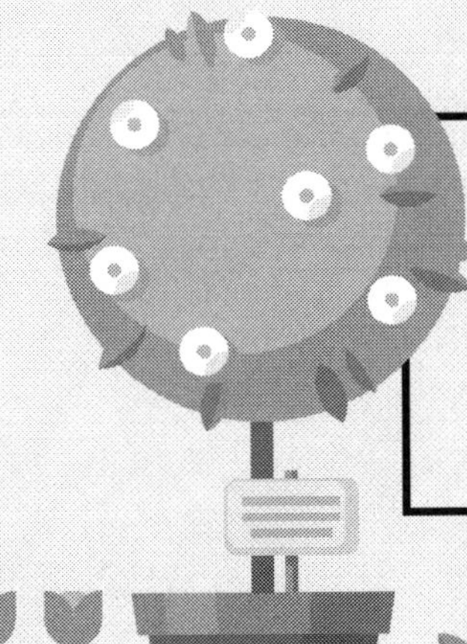

BEANS	POTS
ROCKS	FERTILIZER
CUCUMBER	PEAS
CARROT	CLIPPERS

FOOD

CRAB →

H Z C C G B I N Q A

O P A N C A K E S L

T R P O U G A Q J K

D J O Q C E Q P C A

O A T F U L I V R L

G S A L M O N J A E

V N T U B F C H B W

K C O V E U X W E Q

O V B M R P O Z S X

E I F X R M O Y K O

CUCUMBER	PANCAKES
POTATO	SALMON
HOTDOG	CRAB
KALE	BAGEL

FOOD

F C W E O M Z F O W
K E I V Z F T Y P K
F R I C E G G S E O
L E U C G T K B A P
O A T M E A L R N F
C L W W T O B W U J
L S P A G H E T T I
A S G C K Y I J S Z
M L L K V Z O D U L
S O U P G L U S I K

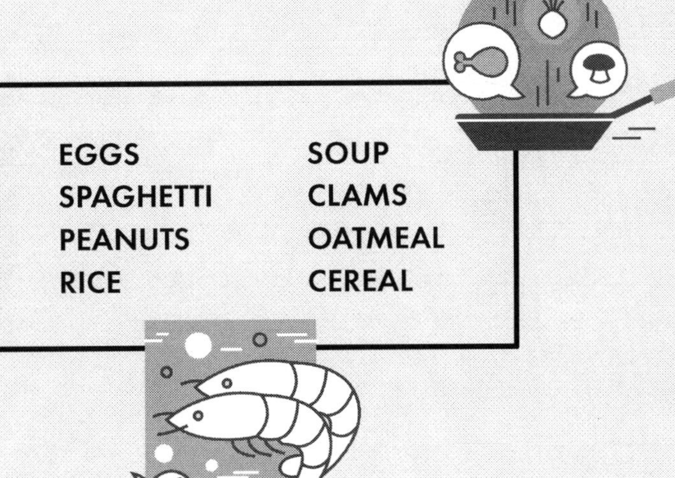

EGGS	SOUP
SPAGHETTI	CLAMS
PEANUTS	OATMEAL
RICE	CEREAL

BASEBALL

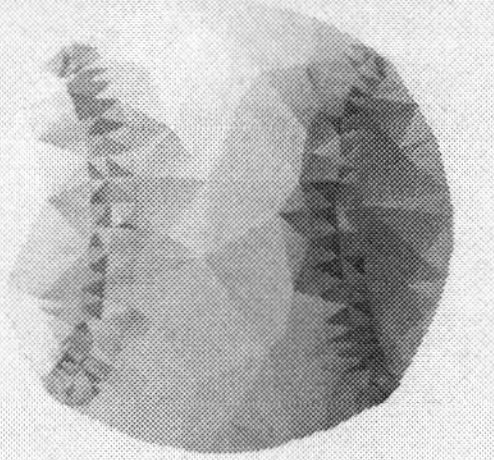

PLATE

Y	F	H	T	T	U	K	Y	F	K
F	J	C	Z	U	G	I	G	I	E
P	I	A	U	M	P	I	R	E	K
I	I	T	B	E	V	P	A	L	H
H	V	C	F	O	U	L	S	D	P
W	E	H	F	C	P	A	L	E	G
X	V	E	E	P	Z	T	I	R	Y
C	C	R	N	V	X	E	D	I	V
V	S	Q	C	B	Z	O	E	J	U
C	R	A	E	G	L	O	V	E	L

CATCHER
FIELDER
FENCE
UMPIRE
GLOVE
PLATE
SLIDE
FOUL

BASEBALL

C	N	S	H	P	U	L	P	K	W
S	A	F	E	I	N	N	I	N	G
V	T	H	L	Z	I	R	T	A	M
Q	H	H	M	B	F	E	C	Y	R
R	T	F	E	T	O	W	H	I	J
U	I	V	T	H	R	W	Q	J	C
N	O	I	Y	R	M	C	P	Z	Y
X	R	H	Q	O	S	S	P	C	N
S	P	Y	J	W	H	S	O	C	N
B	B	R	U	N	N	E	R	K	E

SAFE	THROW
UNIFORM	RUN
HELMET	PITCH
RUNNER	INNING

CHRISTMAS

PARTY

B	M	F	J	N	Y	T	I	M	Y
H	E	P	K	G	V	N	H	E	U
A	R	E	J	I	P	I	N	E	H
P	R	S	A	N	T	A	P	G	I
R	Y	Q	I	Z	K	P	A	I	D
D	E	C	E	M	B	E	R	F	O
P	F	F	P	E	B	V	T	T	P
B	O	E	O	E	M	K	Y	S	N
H	W	J	O	L	L	Y	M	U	N
B	Q	X	R	U	D	O	L	P	H

DECEMBER
RUDOLPH
GIFTS
JOLLY
MERRY
PARTY
PINE
SANTA

CHRISTMAS

COLD

O J F B H E B D H C

E L V E S C I R F H

O M F L U U B D R I

K F T L C P V S O M

C Z G S O I X C S N

Q V Z A O D Q O T E

X Z A R K M R L Y Y

A P E D I K F D C P

P R E S E N T S X V

V H U P S K X H M J

CHIMNEY	COOKIES
FROSTY	ELVES
BELLS	COLD
CUPID	PRESENTS

HUMAN BODY

LEGS

B	J	D	P	K	U	B	Z	B	B
M	A	F	E	E	T	H	G	T	O
B	Q	L	E	G	S	A	E	D	F
Y	I	H	E	A	D	I	E	E	T
I	X	C	J	E	A	R	S	Y	N
W	R	O	G	K	A	H	Z	E	S
H	A	N	D	S	V	E	P	S	H
A	Y	G	S	T	A	G	L	A	N
G	C	H	Q	I	A	U	N	X	G
V	F	I	N	G	E	R	S	Q	G

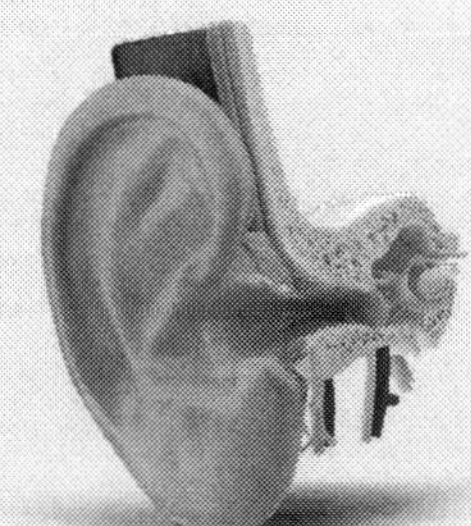

EARS
EYES
FEET
FINGERS
HAIR
HANDS
HEAD
LEGS

HUMAN BODY

P	U	R	S	W	G	Z	L	X	J
N	B	H	H	A	T	Z	S	P	V
O	G	V	O	I	M	I	T	K	D
S	N	H	U	S	C	T	O	E	S
E	J	S	L	T	P	U	M	U	E
Y	K	K	D	K	I	K	A	L	T
J	M	V	E	H	S	N	C	M	H
W	X	W	R	I	N	A	H	V	I
A	T	F	T	P	G	X	H	E	G
N	E	C	K	D	W	S	C	L	H

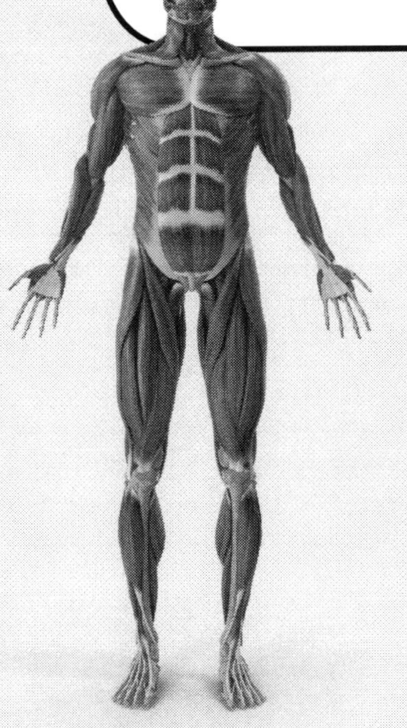

NOSE	TOES
SHOULDER	HIP
STOMACH	NECK
THIGH	WAIST

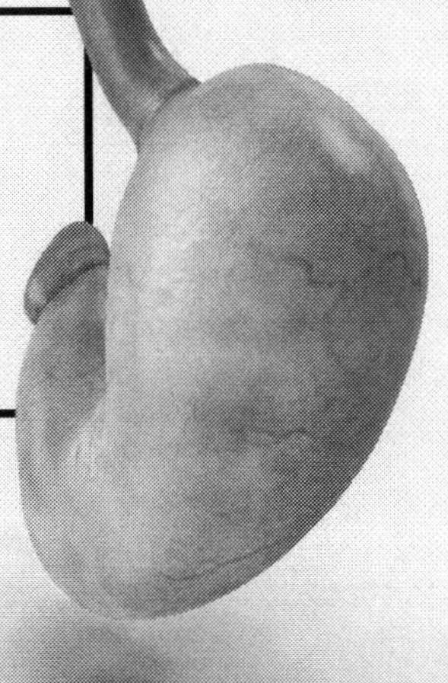

ICE CREAM FLAVORS

MOCHA →

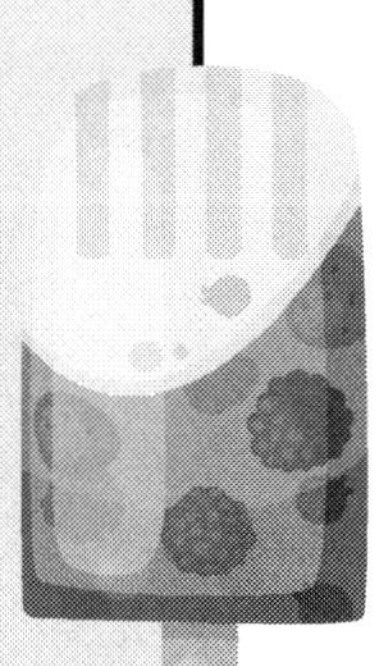

L C G E V S I C H A
I O O P G S B C F X
W F F C S W L Q Z I
D F U H O M U C W Y
B E D E B L E O Y X
D E G R A S B C D M
U T E R N E E O Y A
Q G X Y A Y R N C N
P S D G N W R U U G
M O C H A M Y T T O

BANANA	COFFEE
BLUEBERRY	FUDGE
CHERRY	MANGO
COCONUT	MOCHA

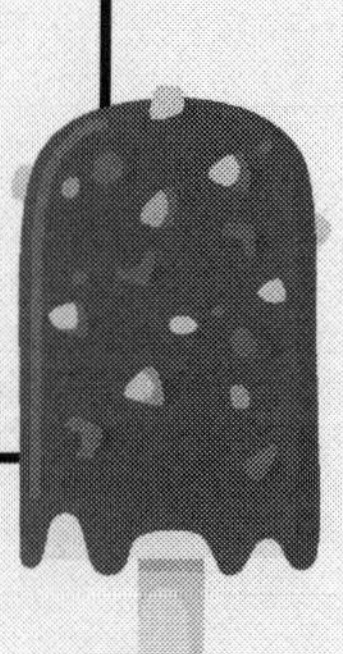

ICE CREAM FLAVORS

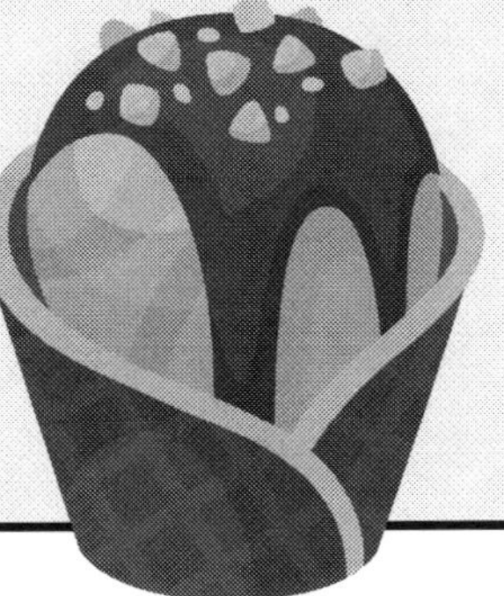

MINT →

X	E	G	J	S	L	E	M	O	N
R	O	C	K	Y	U	Q	S	E	P
U	W	N	O	R	A	N	G	E	L
G	V	Q	Y	W	D	F	Q	I	R
P	P	I	S	T	A	C	H	I	O
I	W	A	L	N	U	T	U	P	A
O	H	F	Q	D	T	Y	U	E	D
B	E	R	R	I	E	S	K	A	V
E	K	K	N	C	D	Q	K	C	P
O	M	I	N	T	C	M	D	H	G

PEACH
BERRIES
WALNUT
ORANGE
PISTACHIO
ROCKY ROAD
MINT
LEMON

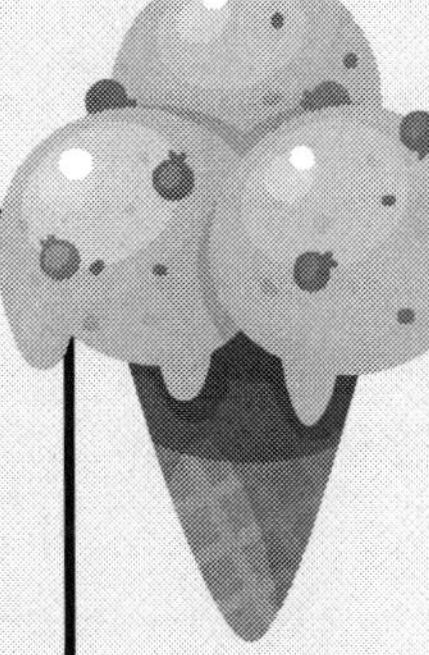

CHEMISTRY

HELIUM

H	P	D	O	X	Y	G	E	N	D
Y	C	O	P	P	E	R	C	W	C
D	E	K	Y	N	S	Z	A	C	A
R	B	D	R	I	S	I	R	S	L
O	H	E	H	T	Q	V	B	X	C
G	P	R	N	R	L	E	O	S	I
E	C	H	L	O	R	I	N	E	U
N	P	F	X	G	F	L	V	V	M
Q	O	S	B	E	T	K	B	B	J
S	X	Q	O	N	D	L	F	C	K

OXYGEN
HYDROGEN
CALCIUM
CARBON
HELIUM
NITROGEN
COPPER
CHLORINE

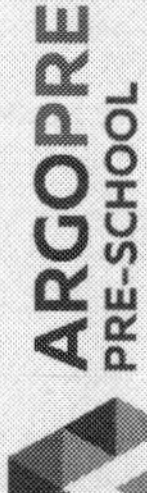

CHEMISTRY

GOLD

G M Q I N N E O N H
O R L Q S I L V E R
L F M E R C U R Y E
D L E A D S O L E W
I O D I N E X M O R
F P L A T I N U M W
K R T F D G O A Y D
G N I C K L E N O D
P M J F E H R L X P
X H J E H J G I E Q

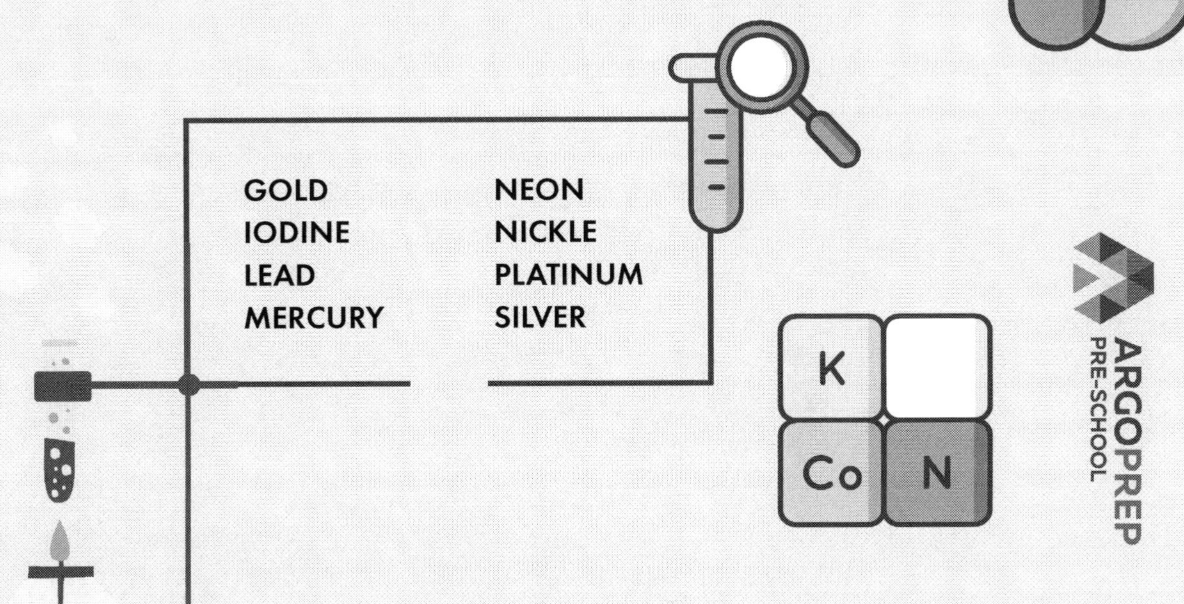

GOLD
IODINE
LEAD
MERCURY
NEON
NICKLE
PLATINUM
SILVER

LANGUAGES

ARABIC

E	B	E	N	G	A	L	I	M	G
N	F	R	E	N	C	H	V	A	Z
G	G	E	R	M	A	N	Y	N	U
L	S	O	A	R	R	I	U	D	O
I	P	N	R	J	D	J	Q	A	Z
S	A	V	A	J	T	E	Q	R	E
H	N	E	B	U	G	I	D	I	G
A	I	S	I	I	S	T	U	N	R
K	S	O	C	D	Q	E	Q	N	U
H	H	Y	R	U	S	S	I	A	N

ENGLISH	**GERMAN**
SPANISH	**MANDARIN**
ARABIC	**RUSSIAN**
FRENCH	**BENGALI**

LANGUAGES

GREEK

F	D	J	C	U	O	I	E	X	T
V	T	U	R	K	I	S	H	L	K
X	I	D	Q	Z	V	X	H	R	O
Q	G	R	E	E	K	Q	I	V	R
D	A	N	I	S	H	A	N	Y	E
P	H	G	B	O	U	E	D	L	A
K	V	W	S	E	R	B	I	A	N
A	U	D	S	E	D	C	Y	T	T
O	Y	X	Z	I	U	D	V	I	C
D	Q	O	X	I	E	B	A	N	I

HINDI	GREEK
URDU	LATIN
SERBIAN	KOREAN
DANISH	TURKISH

HIGH FREQUENCY WORDS FOR FOUR-YEAR OLDS

AND

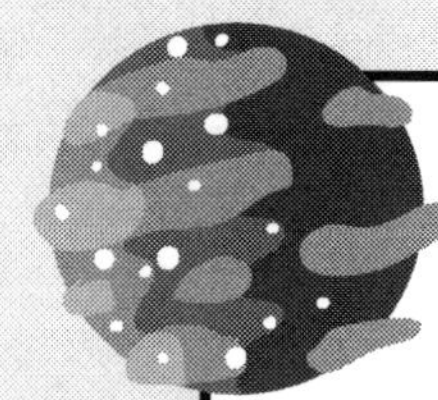

L	W	S	A	B	Y	B	B	W	R
I	F	Q	P	T	D	T	W	A	M
S	W	C	R	T	J	F	I	N	D
C	F	W	E	A	Y	D	R	D	Z
A	X	A	G	W	C	O	M	R	S
B	I	G	M	A	N	W	P	U	J
X	R	D	C	Y	L	N	C	J	J
L	S	K	O	E	B	S	S	C	Y
N	P	H	M	E	D	L	N	A	U
B	L	U	E	U	L	U	C	N	L

AND
AWAY
BIG
BLUE
CAN
COME
DOWN
FIND

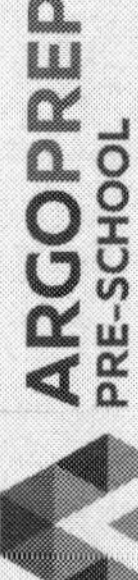

HIGH FREQUENCY WORDS FOR FOUR-YEAR OLDS

IN

S	J	U	M	P	O	I	D	T	P
Y	L	I	T	T	L	E	M	M	I
O	D	I	I	F	J	A	J	X	R
Q	F	O	R	W	U	G	R	Z	F
F	R	L	O	O	K	H	D	K	U
U	B	A	C	D	R	H	J	S	N
B	M	Q	B	D	V	W	K	P	N
N	E	F	F	S	N	Y	Y	S	Y
F	Q	Z	C	N	N	W	L	P	U
I	N	H	E	L	P	W	H	G	O

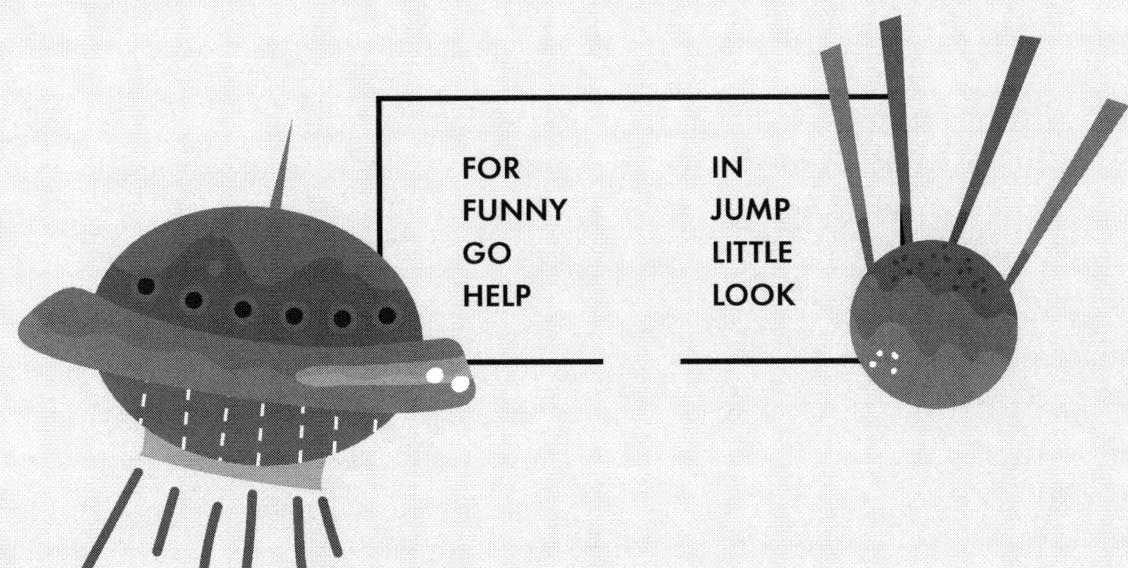

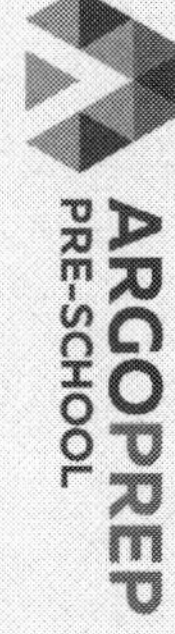

HIGH FREQUENCY WORDS FOR FIVE-YEAR OLDS

C A M E K A Q V P C
L V P P B R A D B Y
P L E A S E O U S D
W H K A S V S X C X
B K O Q B N D A L L
M N K I R U X O M A
U S U A A W G C L L
S L I K E U M E V H
T I N E W L L A V Y
C D H E A T P I L Q

ALL
ARE
CAME
EAT
LIKE
MUST
NEW
PLEASE

HIGH FREQUENCY WORDS FOR FIVE-YEAR OLDS

SOON

G	K	N	B	P	M	I	H	Z	U
S	A	W	X	P	R	I	Y	K	E
X	U	T	E	D	G	E	X	Q	K
T	H	E	R	E	G	Y	L	C	C
H	B	N	U	Y	R	I	D	E	U
A	O	C	A	M	F	Y	R	R	F
T	E	R	A	N	E	R	J	N	B
E	M	D	T	P	R	E	T	T	Y
R	T	X	T	H	I	S	O	O	N
S	Q	E	O	P	E	V	H	Y	W

PRETTY	SOON
RAN	THAT
RIDE	THERE
SAW	THIS

HIGH FREQUENCY WORDS FOR SIX-YEAR OLDS

AGAIN

I	D	Q	K	Z	U	D	R	Z	Z
C	E	G	B	O	N	C	E	H	E
O	J	C	K	O	P	E	N	S	V
U	O	A	N	H	G	W	R	I	E
L	V	G	O	I	N	G	S	O	R
D	A	A	W	S	U	C	P	V	Y
X	H	I	E	A	F	T	E	R	P
W	R	N	A	P	F	M	B	S	K
I	O	P	E	F	T	S	D	V	T
Q	Z	J	Y	F	A	O	O	J	Q

AFTER	GOING
AGAIN	KNOW
COULD	ONCE
EVERY	OPEN

HIGH FREQUENCY WORDS FOR SIX-YEAR OLDS

TAKE

Q F Y T E Y M E M Q
K F H S O M E I Z G
T H T O D P Z W F C
F A H V R F T A K E
U C A E A K A L I W
C G N R S K W K N A
B O K X T K L G X H
R N E O O T H E M A
R Q M H P A A B A N
U V F S Y R O U N D

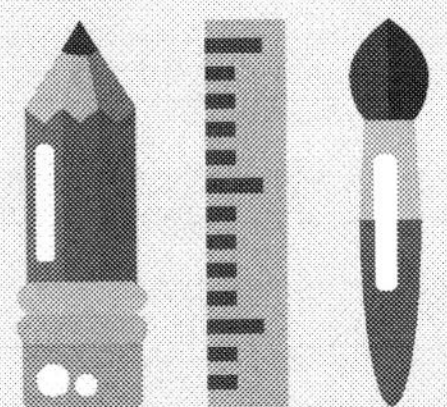

OVER	TAKE
ROUND	THANK
SOME	THEM
STOP	WALK

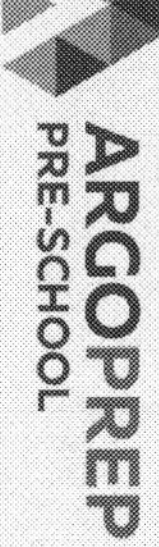

HIGH FREQUENCY WORDS FOR SEVEN-YEAR OLDS

U	B	A	E	X	Q	Y	J	C	F
D	E	Y	H	G	F	N	J	Y	E
F	C	W	F	T	S	M	V	U	F
O	A	J	V	K	D	A	G	J	I
U	U	B	C	M	T	D	A	J	R
N	S	F	O	A	S	E	V	K	S
D	E	V	L	N	P	F	E	X	T
E	C	E	D	Y	O	A	U	N	X
J	T	Q	X	T	B	S	J	N	K
B	D	N	J	Q	M	T	S	V	B

BECAUSE	FOUND
COLD	GAVE
FAST	MADE
FIRST	MANY

HIGH FREQUENCY WORDS FOR SEVEN-YEAR OLDS

E	X	H	I	W	L	V	Y	S	V
C	O	R	E	A	D	E	G	F	R
K	D	Y	A	S	O	X	J	G	I
W	H	I	C	H	J	W	X	I	G
F	N	W	B	B	G	O	U	Q	H
O	S	W	T	R	R	B	V	F	T
K	L	O	H	U	U	J	M	A	Z
S	E	U	O	P	P	Y	X	L	K
Z	E	L	S	O	A	O	B	B	Y
R	P	D	E	N	W	T	Y	F	X

READ	UPON
RIGHT	WASH
SLEEP	WHICH
THOSE	WOULD

HIGH FREQUENCY WORDS FOR EIGHT-YEAR OLDS

KEEP

U	Z	L	J	M	U	I	G	M	V
C	Y	U	X	L	K	H	U	R	T
Y	D	I	C	L	E	A	N	R	V
J	R	K	I	N	D	K	C	X	Y
D	A	L	A	U	G	H	M	K	M
E	W	J	I	D	R	I	N	K	W
L	K	K	O	A	A	I	H	P	X
B	Q	E	G	M	O	H	G	P	A
K	E	E	P	D	E	P	E	V	C
G	R	O	W	U	P	W	V	S	L

CLEAN
DRAW
DRINK
GROW

HURT
KEEP
KIND
LAUGH

HIGH FREQUENCY WORDS FOR EIGHT-YEAR OLDS

SHOW

B	J	S	S	G	D	D	B	E	N
Y	N	E	V	E	R	D	S	C	K
P	L	M	J	N	R	R	M	Z	Y
O	E	Y	U	K	Y	X	A	U	R
E	B	S	J	D	R	P	L	O	T
L	S	E	V	E	N	F	L	O	Q
I	C	L	W	S	M	X	V	H	K
G	A	F	L	S	H	O	W	B	C
H	T	O	G	E	T	H	E	R	C
T	W	W	S	H	A	L	L	P	H

LIGHT	SHALL
MYSELF	SHOW
NEVER	SMALL
SEVEN	TOGETHER

BIRTHDAYS

PIZZA →

W D T L H A P P Y O
J N T R E A T S J D
Y U H C A K E V Z J
K S B A L L O O N S
N H O N Z K W H P R
C A N D Y K L K I M
G L D L C K A A Z E
Z Z G E H L B X Z A
G I F T S J U A A K
L Q M M J V A B W A

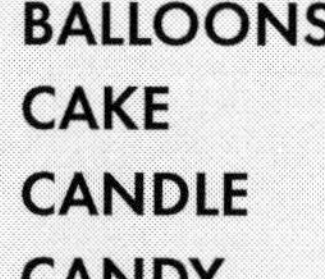

BALLOONS	GIFTS
CAKE	PIZZA
CANDLE	HAPPY
CANDY	TREATS

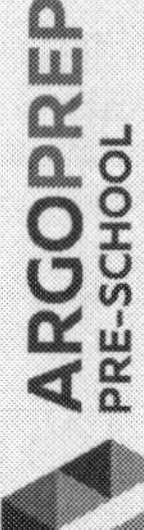

BIRTHDAYS

TOYS

F	E	J	F	G	G	H	A	A	X
O	U	A	N	T	F	E	O	S	T
O	O	R	P	P	R	I	J	A	B
D	X	F	S	R	I	G	D	G	U
B	V	E	U	I	E	S	Q	E	L
I	Y	S	T	B	N	P	D	V	D
U	V	T	O	B	D	F	N	E	X
V	C	I	Y	O	S	Q	G	N	H
O	L	V	S	N	P	A	R	T	Y
C	E	E	K	Y	G	Z	A	B	F

RIBBON
FESTIVE
FOOD
AGE
PARTY
TOYS
FRIENDS
EVENT

FEELINGS AND EMOTIONS

A	F	R	A	I	D	I	U	R	N
Z	J	C	H	E	E	R	F	U	L
W	R	J	Q	E	R	Z	O	U	Z
A	F	F	E	C	T	I	O	N	R
A	K	C	A	L	M	U	V	J	X
Y	D	I	S	L	I	K	E	E	H
G	W	S	H	F	F	Q	A	N	P
Z	O	O	M	O	V	U	G	V	A
U	B	S	N	W	E	G	E	Y	W
L	C	A	R	I	N	G	R	S	R

AFRAID	CHEERFUL
AFFECTION	DISLIKE
CALM	EAGER
CARING	ENVY

FEELINGS AND EMOTIONS

SAD

W	W	R	Y	T	H	L	M	W	M
U	S	W	I	J	Z	O	G	Y	P
V	T	F	U	R	Y	V	V	E	W
G	O	B	U	P	F	E	A	R	Y
L	Q	N	J	R	T	Z	M	A	O
A	K	S	O	I	Z	L	E	S	G
D	M	L	L	D	B	Z	M	A	R
U	Z	Y	L	E	U	W	L	S	I
O	O	K	Y	U	X	L	T	A	E
R	E	L	K	Q	R	Y	I	D	F

FEAR	JOLLY
FURY	LOVE
GLAD	SAD
GRIEF	PRIDE

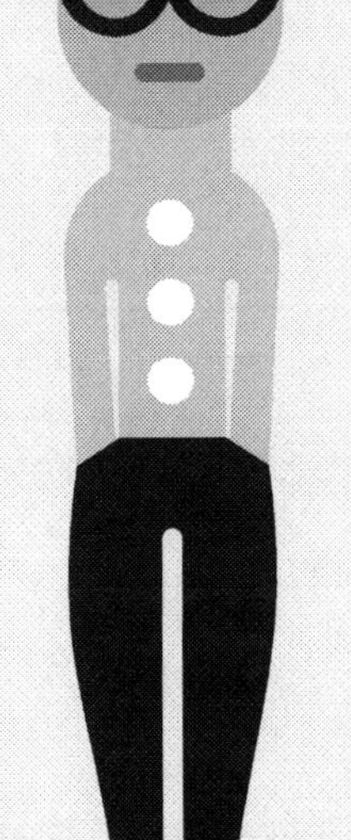

Apple

Apple Apple

Apple Apple

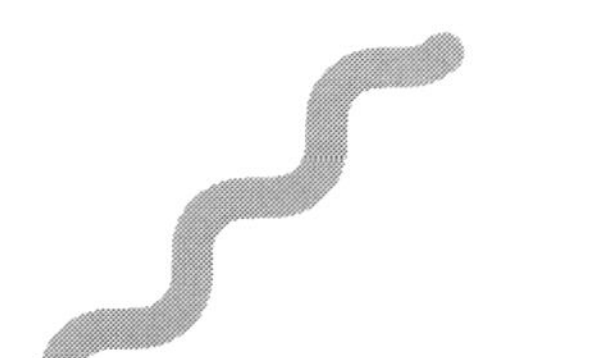

ARGOPREP
PRE-SCHOOL

Banana

Banana

Banana

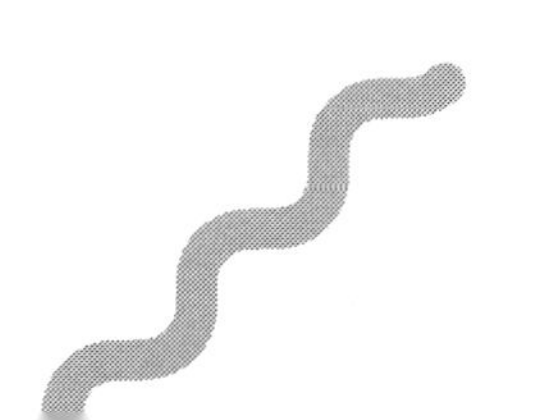

ARGOPREP
PRE-SCHOOL
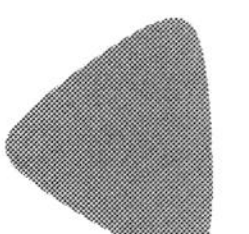

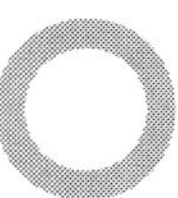

Carrot

Carrot

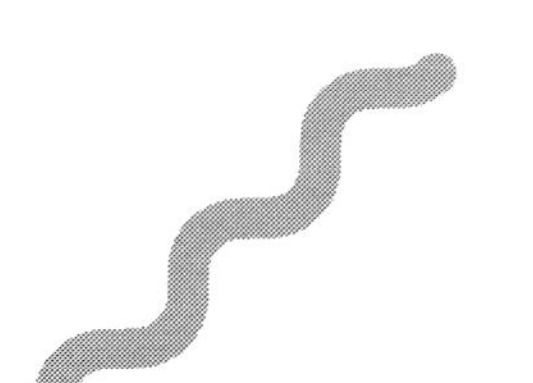

ARGOPREP
PRE-SCHOOL

Durian

Durian

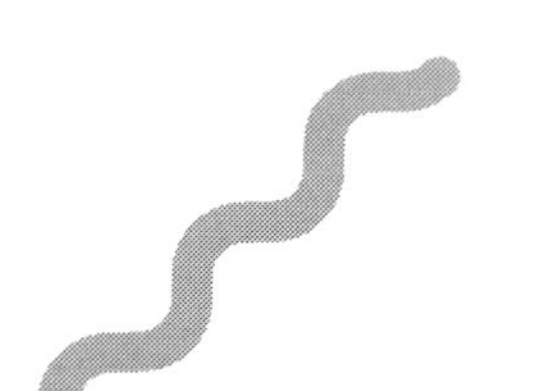

Fig

Fig Fig Fig

Fig Fig Fig

Onion

Onion Onion

Onion Onion

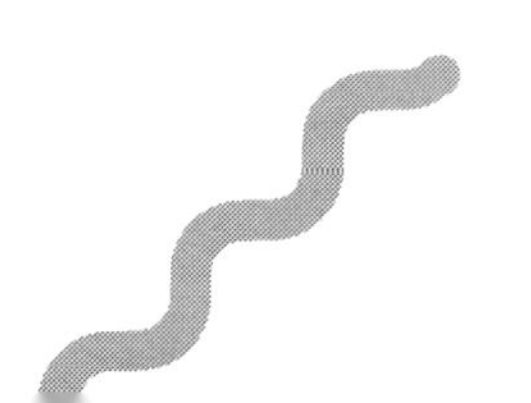

Pineapple

Pineapple

Pineapple

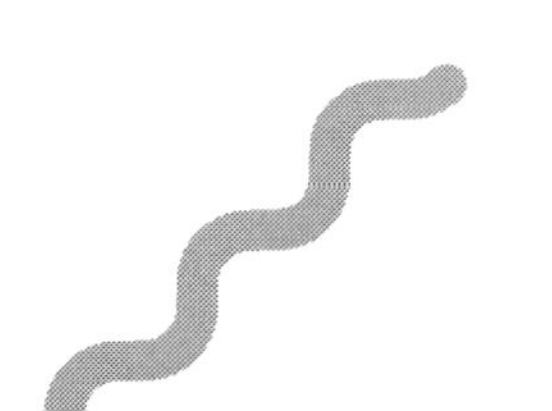

Tomato

Tomato

Tomato

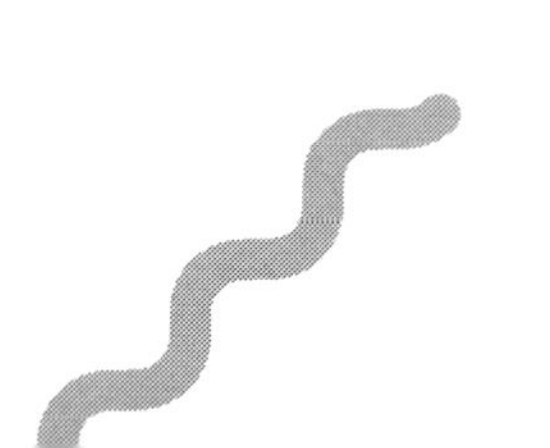

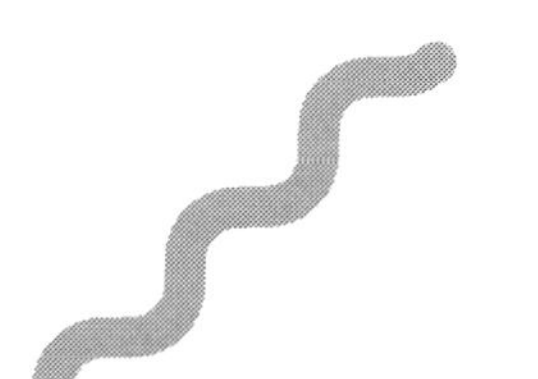

Made in the USA
Middletown, DE
20 July 2020

12594487R00062